AUG 6 1986

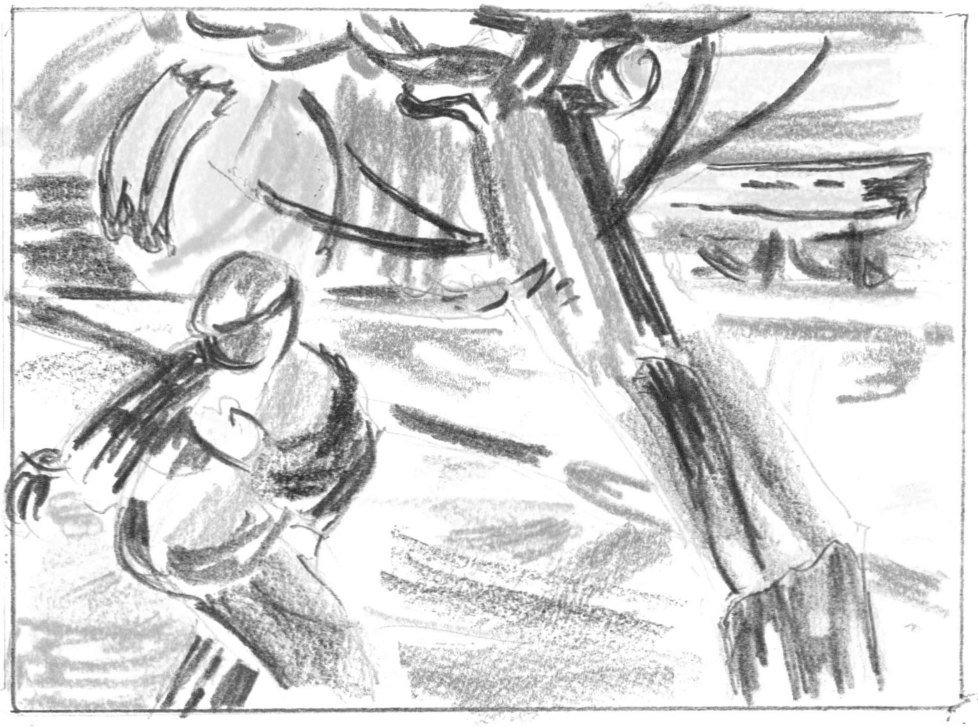

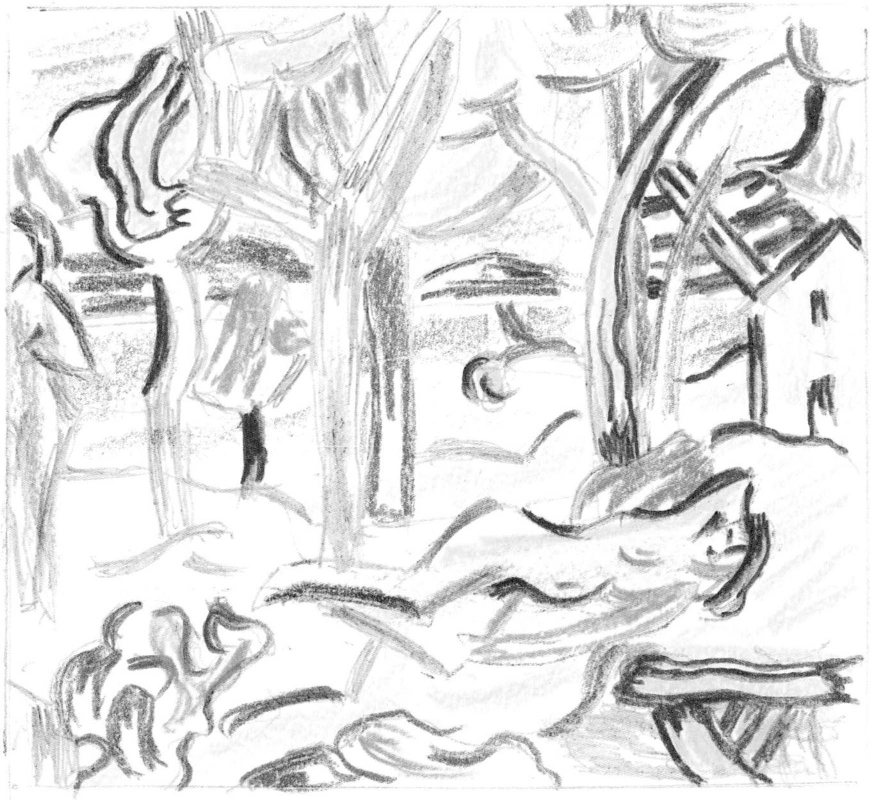

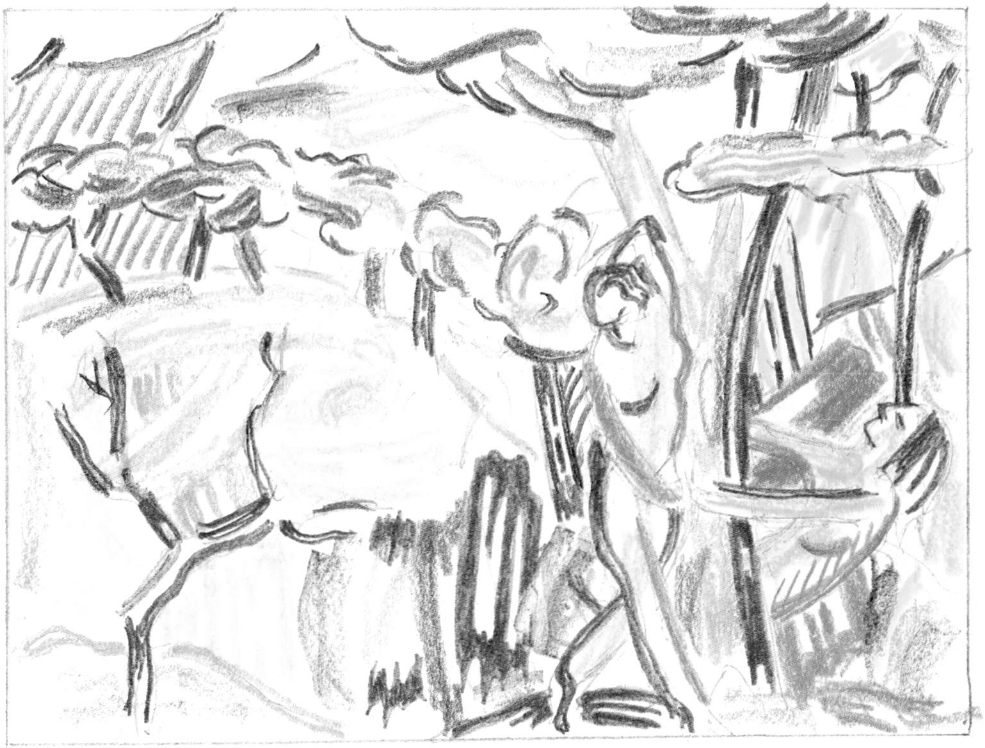

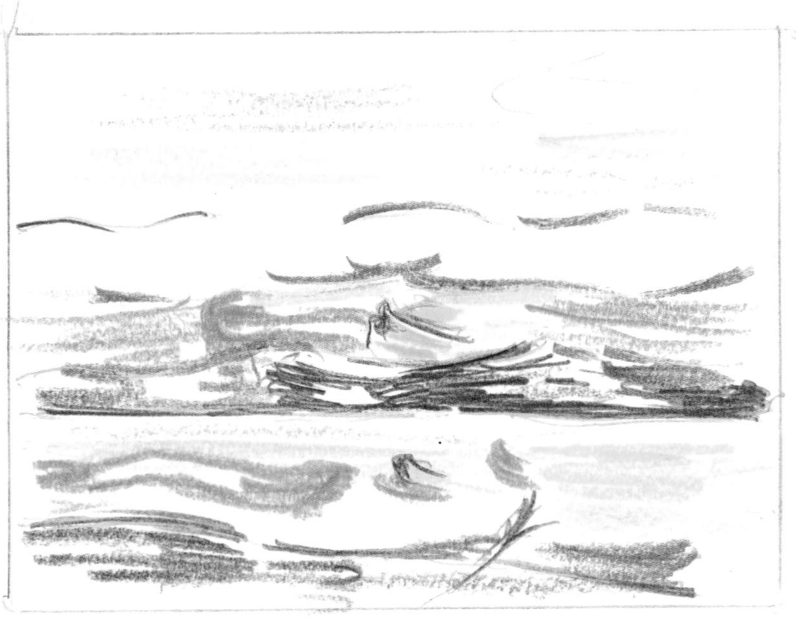

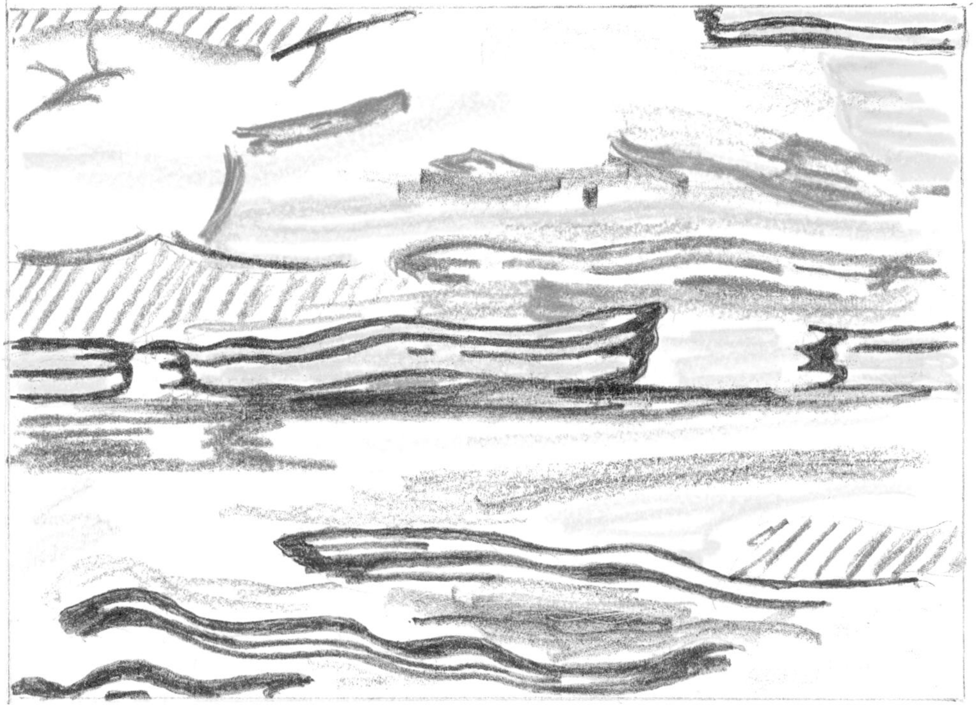

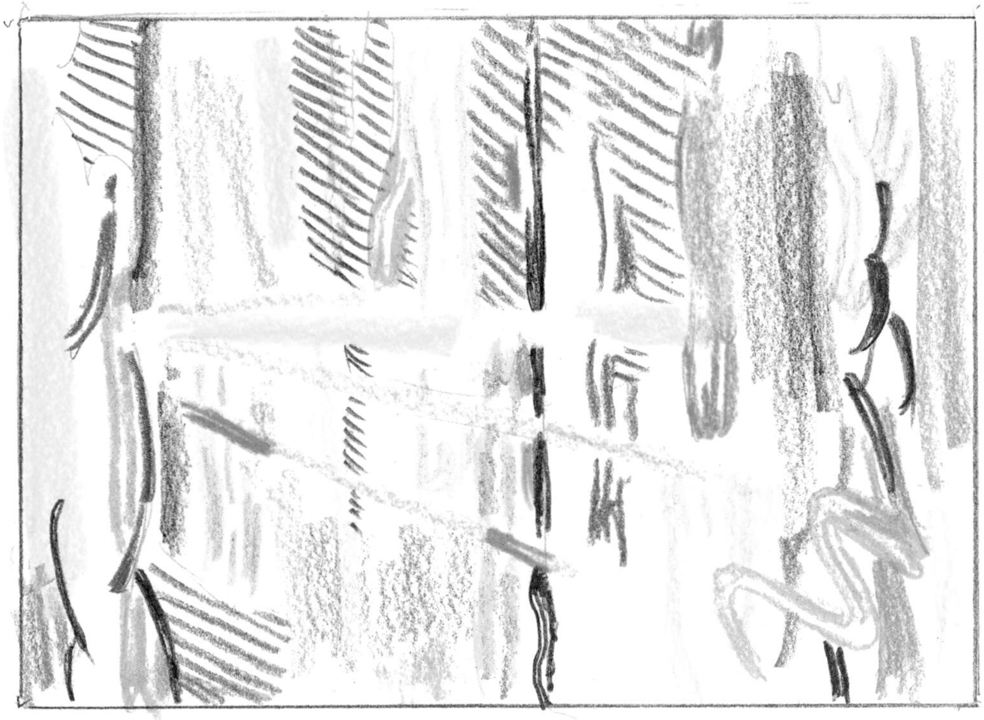

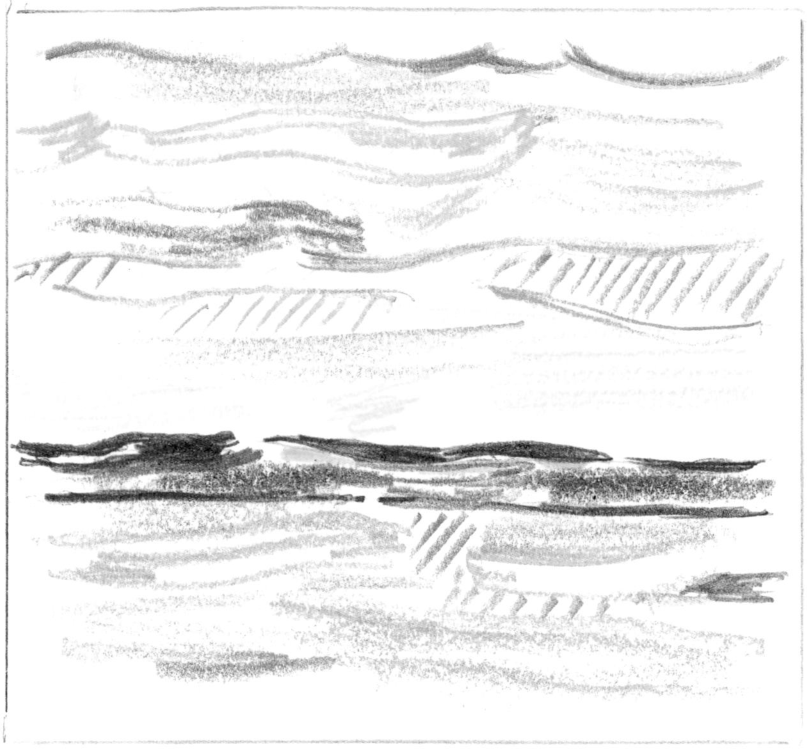

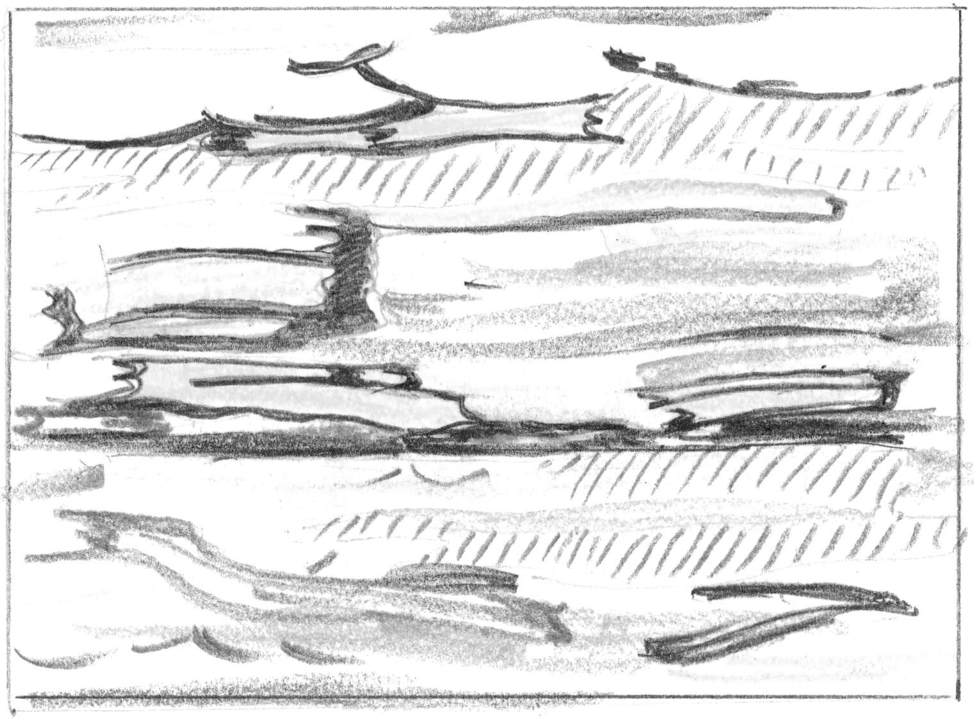

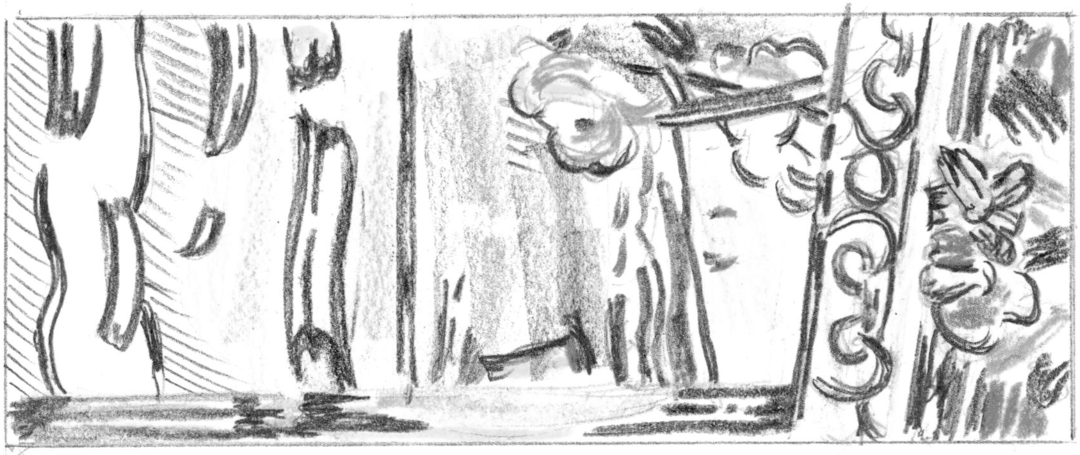

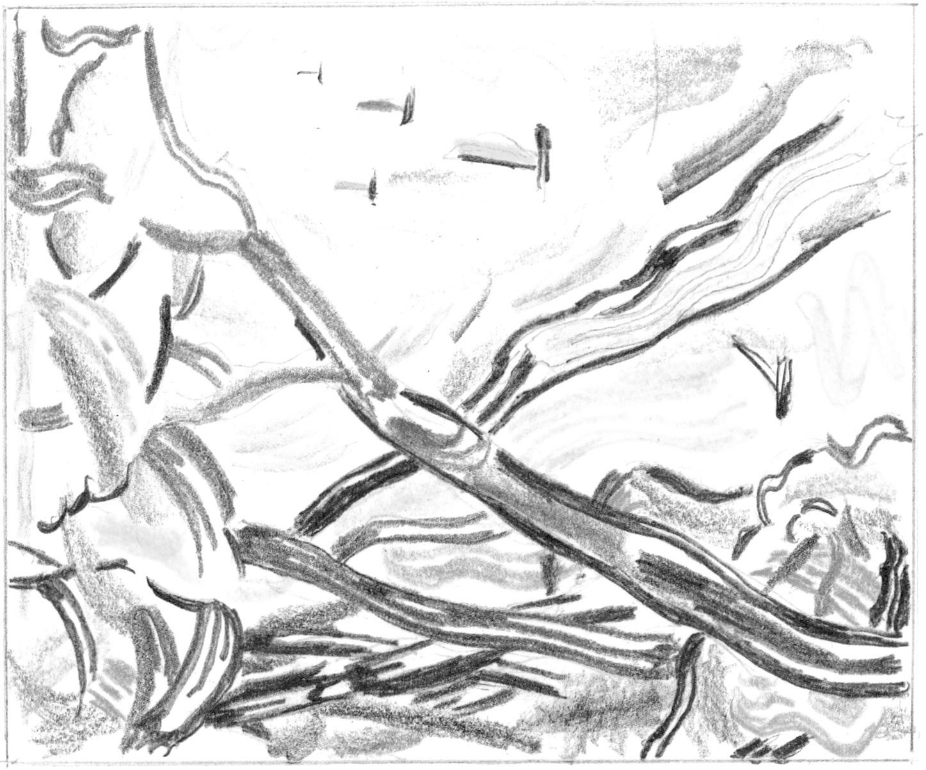

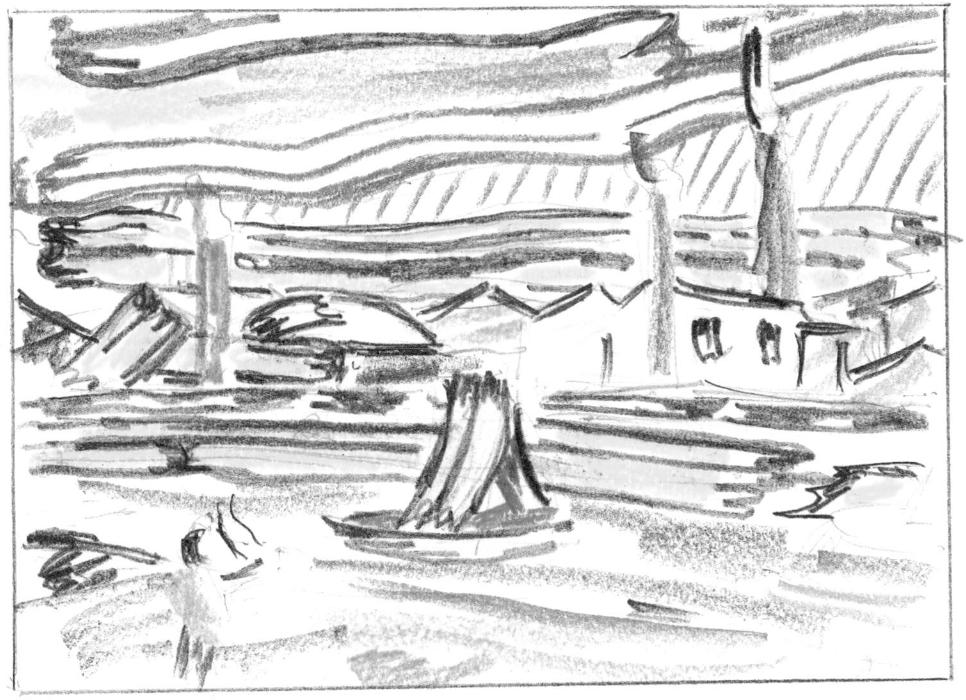

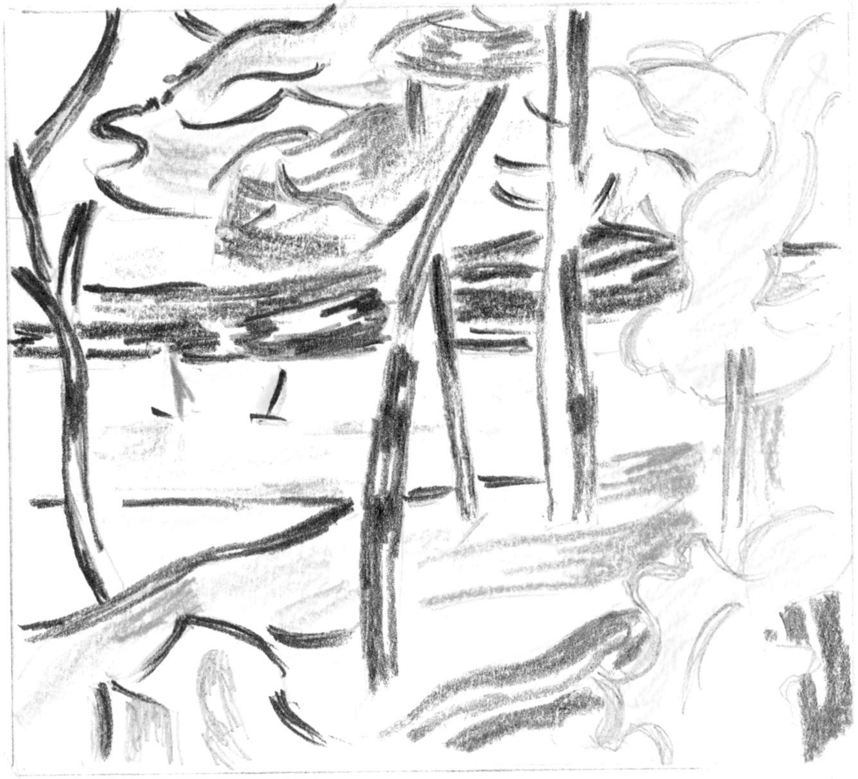

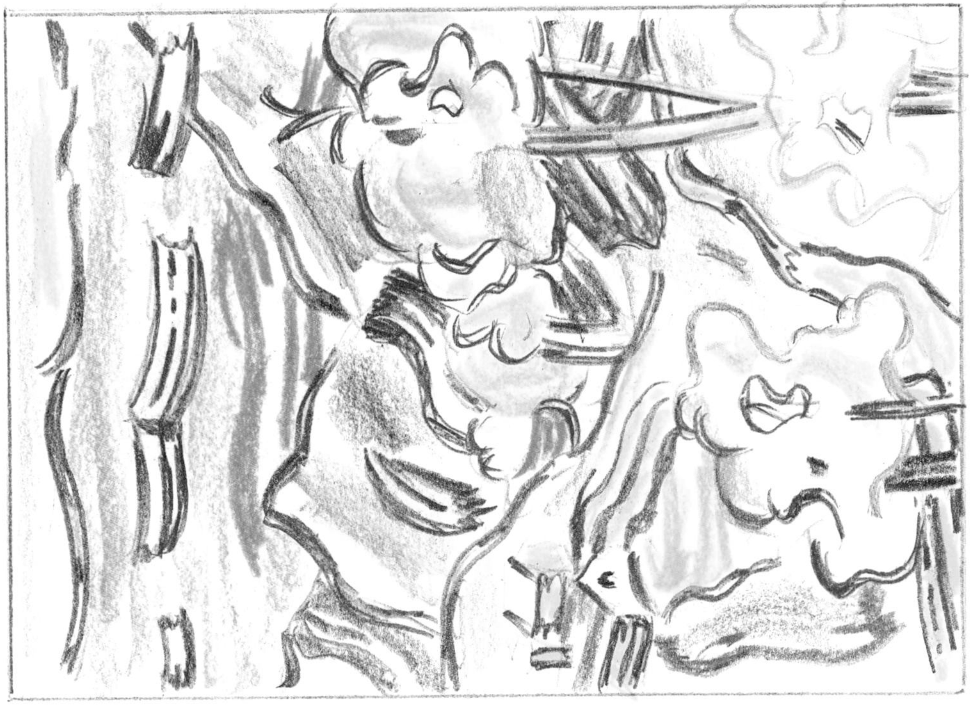

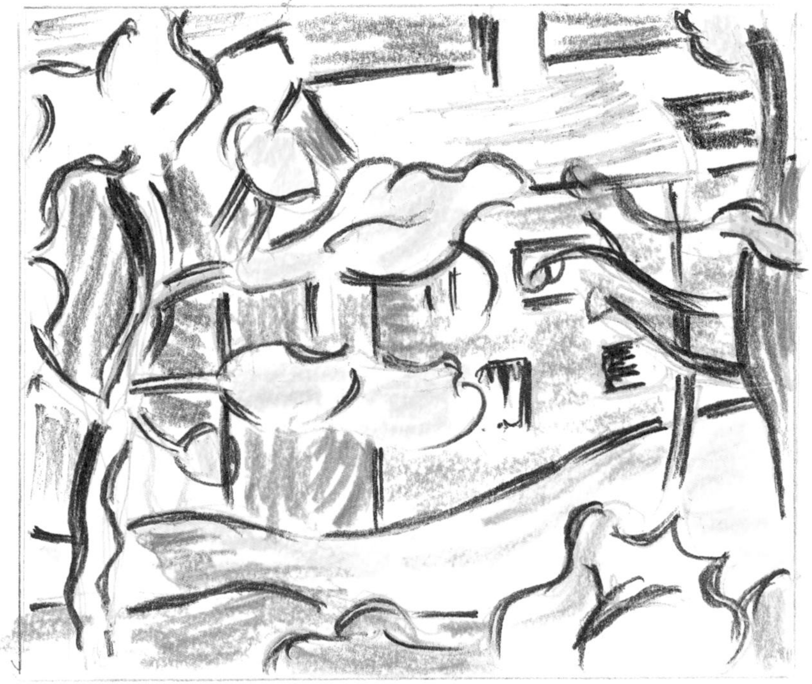

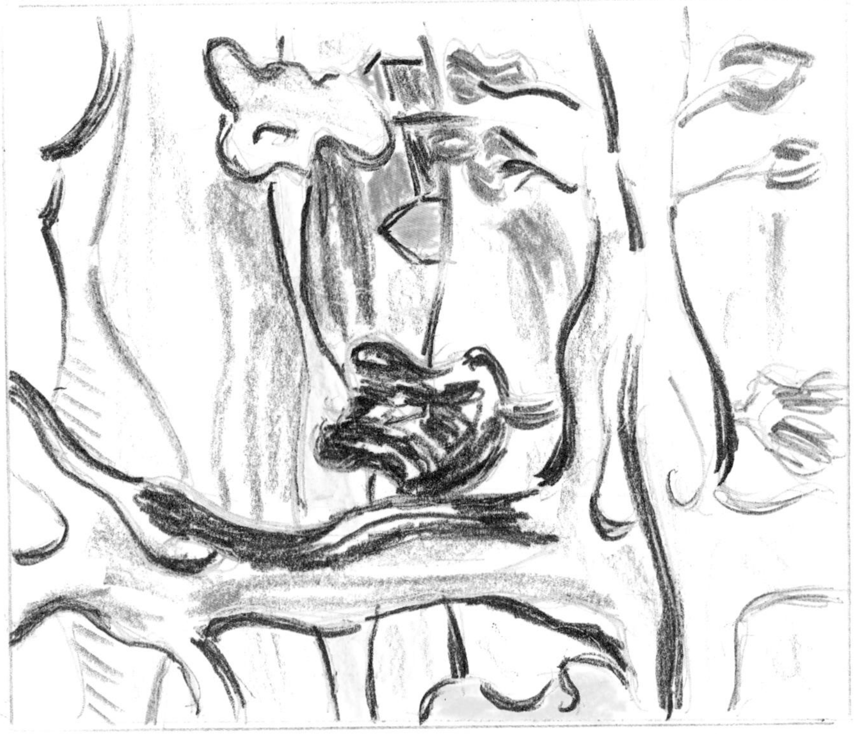

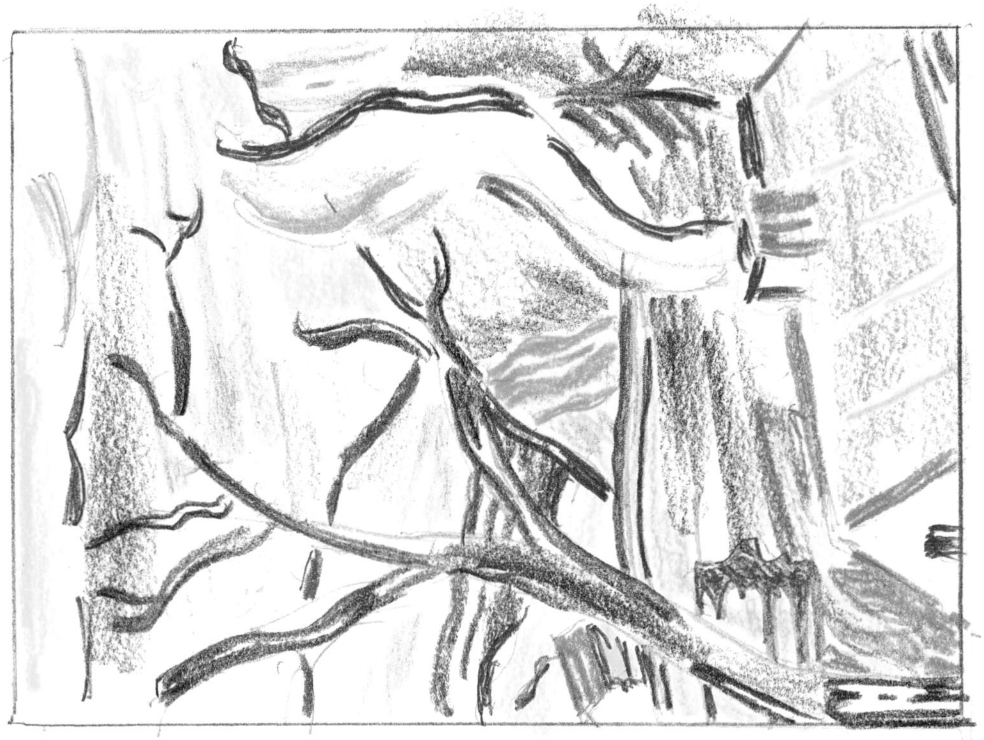

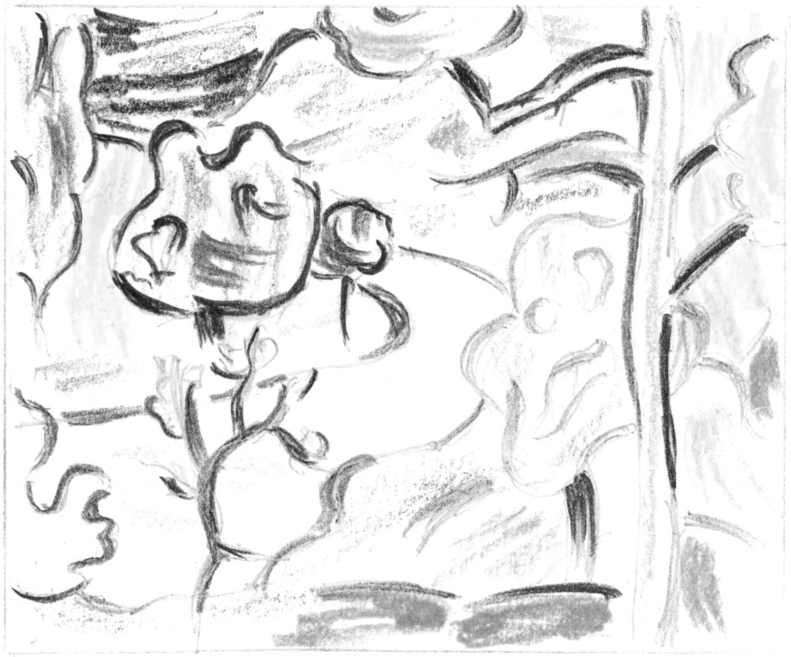

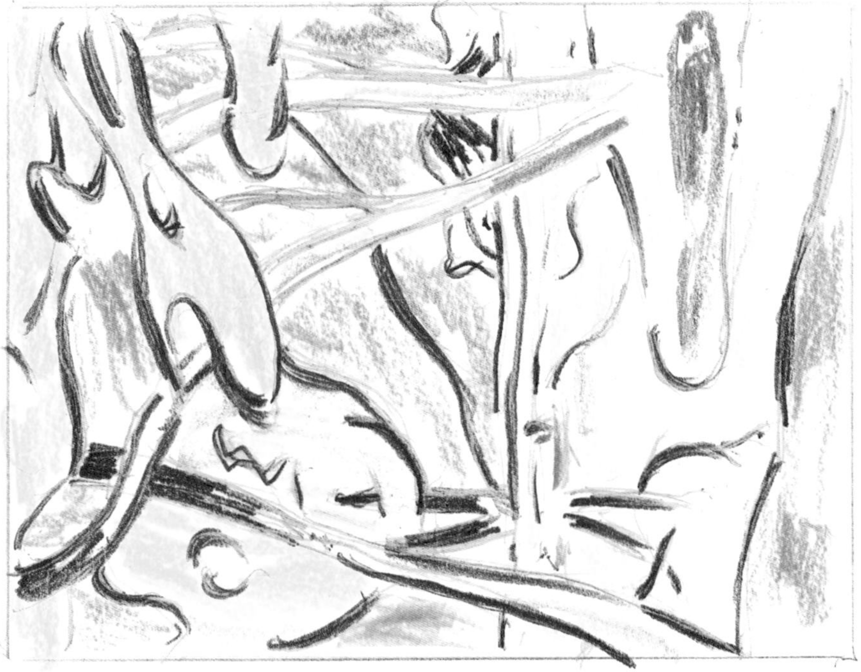

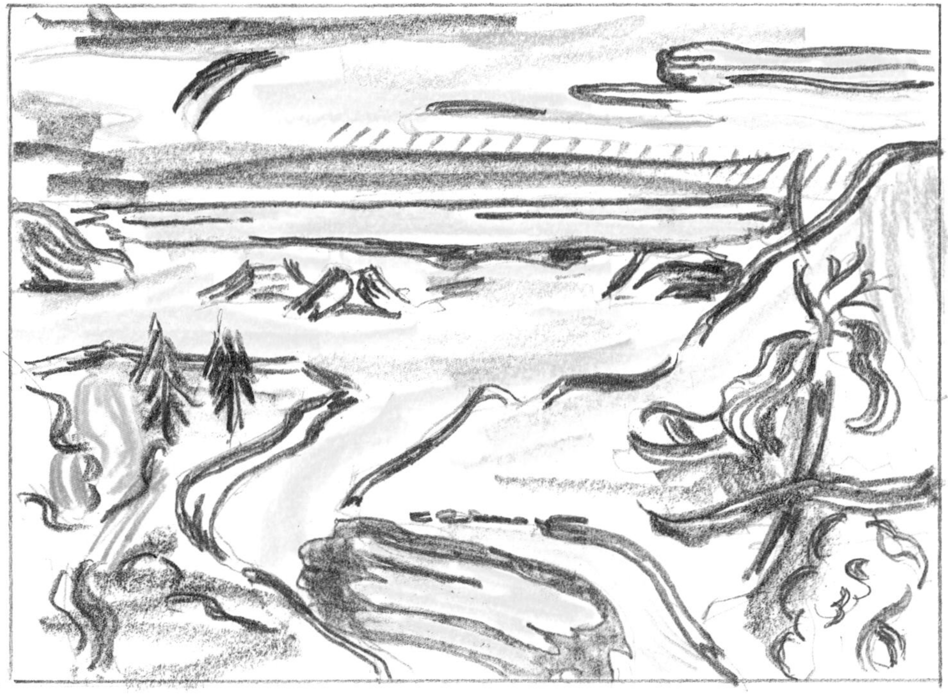

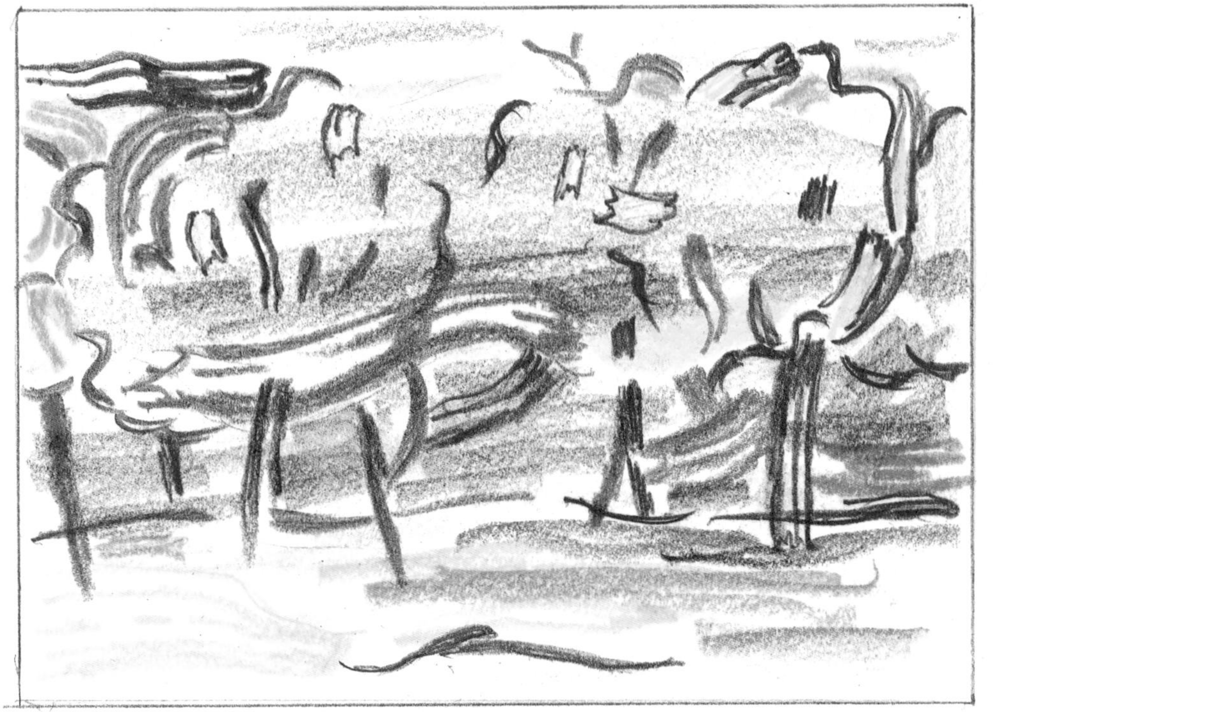

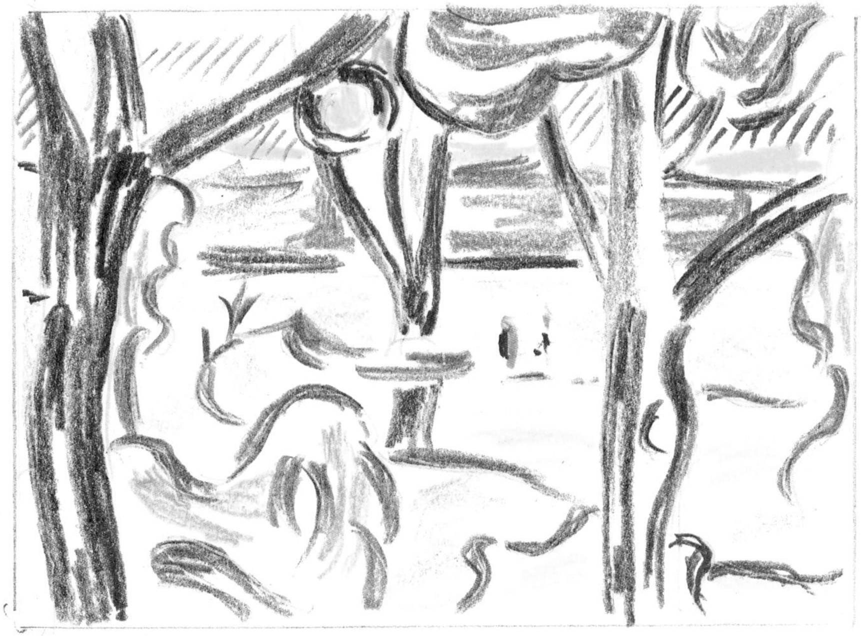

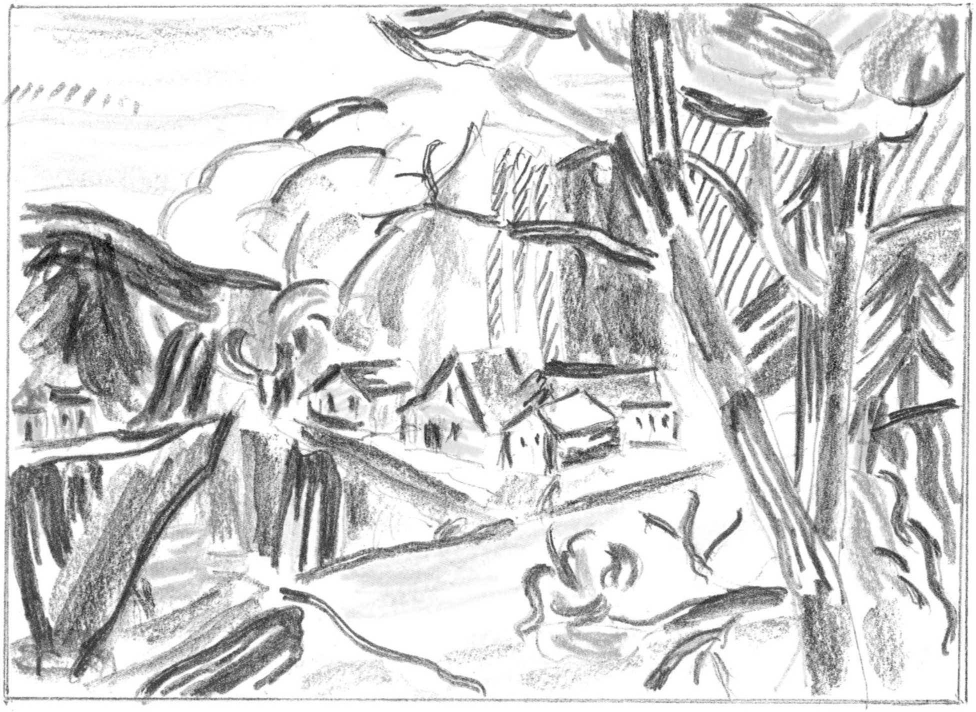

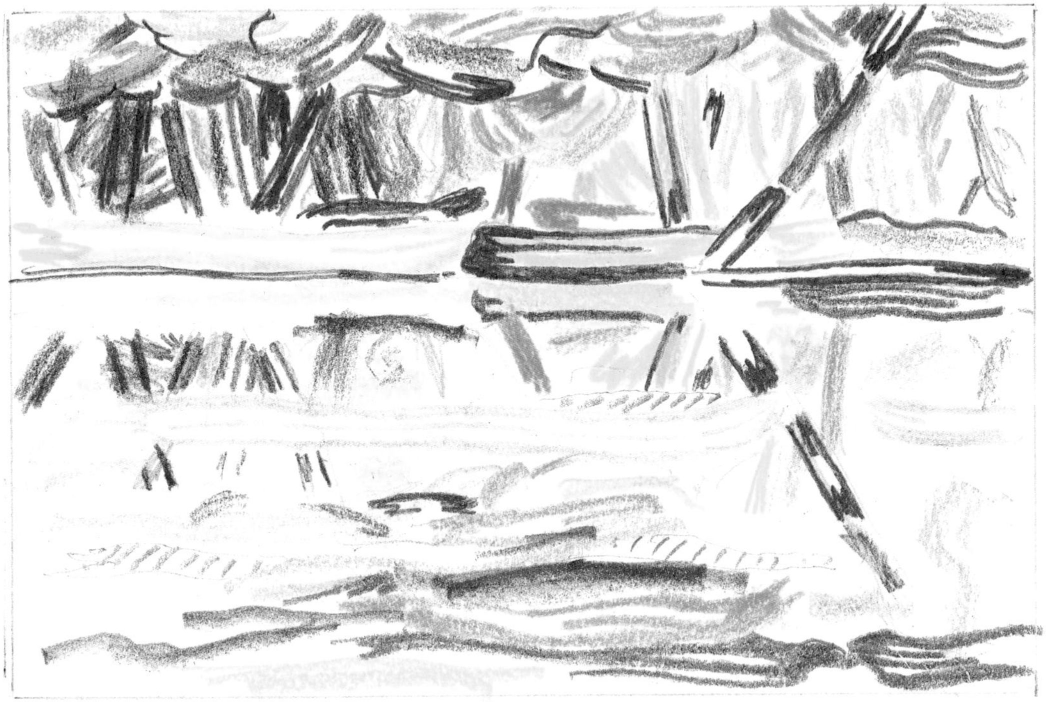

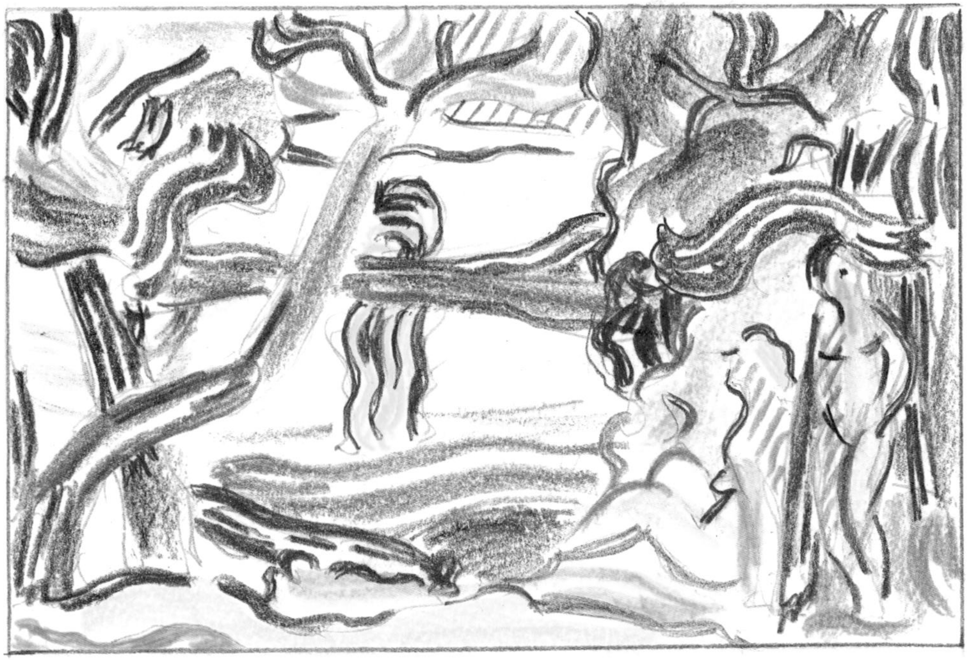